Jutta Bauer

Kater Liam

Ansichten
eines Felltieres

Carl Hanser Verlag

Ich

Ich bin ein Kater. Ein Hauskater. Groß, schön, rot
getigert. Seit ich mich erinnern kann, wohne ich
bei Frau B. Da ich für Katerverhältnisse schon sehr
lange lebe, ist es mir ein Bedürfnis mitzuteilen,
was ich über Mensch, Tier und Umwelt für Erkennt-
nisse gewonnen habe.

Fressen 1

Fressen ist definitiv das Wichtigste im Leben. Es kommt im Normalfall aus seltsamen Verpackungen, die von außen völlig unauffällig sind, zumindest nach nichts riechen. Sie schmecken mal nach Vogel (Huhn? Taube?) und mal nach Fisch oder anderem Viech. Niemals nach Meise, Maus oder Ratte, was ich schade finde. Ich variiere gern, was Frau B. natürlich nicht ganz versteht. Zum Beispiel gibt sie mir Fisch, obwohl ich doch an diesem Tag gar keinen Fisch möchte. Dann drehe ich mich sofort um und verlasse die Küche. Leider ändert das nichts, und ich fresse das Fischmenü in der Nacht dann doch, ehe es völlig vertrocknet.

Fressen 2

Manchmal geht Frau B. in die Küche und frisst selbst etwas. Ich laufe sofort hinterher, aber bekomme nichts. Das finde ich unerhört! Ich gucke vorwurfsvoll, was manchmal hilft, aber nicht immer. Ich frage mich, wie diese Hochbeinerin auf die Idee kommt, selber was zu fressen und mir nichts abzugeben. Mal abgesehen davon, dass das meiste, was sie frisst, mir gar nicht schmeckt.

Automatik

Manchmal, wenn Frau B. lange wegbleibt, füllt sie Futter in ein schwarzes Ding mit einem Deckel, der sich dreht und sich unerklärlicherweise ab und zu öffnet, sodass ich an das Futter herankann. Sie nennt es Automatiknapf. Ich interessiere mich nicht für solche neumodischen Sachen und bevorzuge Menschen, gern auch automatische, die immer rechtzeitig viel Futter geben. Der neue Automatiknapf kann sogar sprechen. Kurz bevor das Futter frei wird, sagt er mit Frau B.'s Stimme: »Kater! Futter!« Mehr kann er nicht sagen und hören nach meiner Erfahrung auch nicht. Deshalb nützt es auch nichts, ihn anzumiauen. Weil man nie weiß, wann er sich öffnet, muss ich andauernd hinlaufen und nachschauen. Also, ich finde das Ding albern und anstrengend. Aber ich futtere natürlich, wenn es losgeht.

Wasser 1

Wasser ist schrecklich nass.
Wenn es von irgendwoher
kommt, muss man ganz
schnell weg. Frau B. ist da ganz
anders. Sie lässt andauernd
Wasser laufen, sogar über ihren
ganzen Körper, und behauptet
tatsächlich, das sei schön.

Wasser 2

Wasser trinken ist allerdings ganz
wichtig. Man kann es aus einer Schüssel trinken oder von einem Ding ober-
halb der Badewanne, wo es herausläuft.
Das geht nur, wenn nicht zu viel läuft, weil
man sonst nasse Pfoten bekommt. Es sam-
melt sich in der Wanne zu einer Pfütze, aus
der man genussvoll schlabbern kann. Das ist
viel schöner als aus einer Schüssel. Es verleiht
mir ein herrliches Löwen-Gefühl. Frau B. versteht davon nichts, und sie hat lange gebraucht,
es zu kapieren und das Ding aufzudrehen. Durch
stetiges Herumstehen in der Wanne und lautes
Heulen habe ich es ihr klargemacht.

Teppiche

Teppiche sind ganz herrlich; kommen leider zu
wenig vor in unserer Wohnung. Aber es gibt einige
Läufer, die ich auch gern benutze. Zum Beispiel,
wenn ich eine blutige Maus zerlegen möchte. Dafür
eignen sich Teppiche wirklich sehr gut. Auch wenn
man sich mal übergeben muss, ist es sinnvoll,
ganz schnell zum Teppich zu laufen.

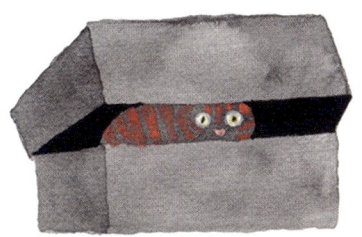

Papier und Tüten

Ich mag Tüten, aber auch alle anderen Arten von
Papier. Hauptsächlich zum Draufsetzen oder Rein-
kriechen. Ich finde, auf Papier sitzt es sich irgendwie besser als auf einem Fußboden. Und Tüten
sind sowieso einfach wunderbar: Sie rascheln,
und man kann sich darin verstecken. Frau B.
mag anscheinend auch Papier. Jeden Morgen sitzt
sie auf dem Sofa, trinkt etwas seltsam Braunes
und raschelt mit großen Papierbögen. Sonntags
besonders lange. Ich habe es beobachtet:
Sie holt sie aus einem Kasten vor der Tür.
Sie setzt sich dann hin und knistert damit
herum. Warum tut sie das? Sie könnte sich
doch einfach draufsetzen.

Papier 2

Es gibt Papiere, die einfach herumliegen. Man kann sich draufsetzen oder darauf herumkratzen, das ist schön. Besonders viel Papier liegt auf dem Boden an einem Abend, an dem die Menschen vorher einen Baum ins Haus geschleppt haben und später köstliche Gerüche nach gebratenem Vogel verbreiten. Ein Fest für mich! Der Zusammenhang zwischen Baum, Vogelessen und Raschelpapier bleibt mir unklar, ist mir aber auch egal.

Papier 3

Richtig interessant wird Papier, wenn ein Mensch damit raschelt. Das findet Frau B. auch. Sie mag besonders die großen Papiere, die sie morgens aus dem Kasten vor dem Haus holt. Die hat sie dann vor sich liegen oder auf dem Schoß und starrt hinein. Sie hört und sieht nichts, wenn sie sich damit beschäftigt. Das stört mich, und ich muss deutlich machen, wie wichtig ich bin. Wichtiger als so ein Stück Papier auf jeden Fall. Ich versuche dann, mich darauf oder darunter zu legen. Das führt regelmäßig zum Konflikt. Frau B. zieht es dann unter mir hervor oder schubst mich weg. Das geht jeden Morgen so, aber ich gebe nicht auf.

Aufmerksamkeit

Noch schlimmer als diese Papiere sind diese recht-
eckigen Dinger, die nicht rascheln, aber in die die
Menschen genauso hineinstarren. Sie ziehen die
Aufmerksamkeit von Zweibeinern auf eine Art an
sich, wie es kein Viech auf Erden jemals schaffen
kann. Diese leuchtenden Scheiben sind hart, aber
warm und leuchten. Sie können ohne Schnauze
sprechen wie Menschen und schnurren sogar
manchmal leise.

Frau B. sitzt Stunden davor wie ausgestopft. Diese Apparate sind nicht zu unterschätzende Konkurrenten, die mit aller Kraft ausgeschaltet werden müssen. Man kann den Kopf an ihnen reiben, sich zwischen Mensch und Ding drängeln, und mit Glück gelingt es einem, sich mit dem Hintern irgendwo draufzusetzen. Dann hören sie manchmal sogar auf zu schnurren und zu leuchten, was ich als Erfolg ansehe, Frau B. aber immer furchtbar vergrätzt.

Angst-Tasche

Es gibt da so eine Tasche, die nenne ich »Angst-Tasche«, weil sie nach Angst riecht, obwohl Frau B. immer Katzenleckerli hineinstreut. Sie denkt, ich ginge dann hinein, aber so leicht kann man mich nicht überrumpeln. Man muss mich schon hinein-stopfen und danach schnell zumachen. Früher habe ich dann darin herumgekratzt, doch weil es nichts nützt, habe ich es eingestellt. Auch wenn mein Langzeitgedächtnis nicht so gut ist, aber ich erinnere mich dunkel, dass sie mich in der Tasche irgendwohin schleppte, wo es andere Tiere gab, die auch Angst hatten. Das war kein angemessener Ort für einen Kater! Einmal hat man mir dort sogar eine Nadel in die Pfote gestochen. So etwas vergesse ich natürlich nicht.

Allein sein

Morgens geht Frau B. nach dem Putzen aus der Tür und lässt mich lange allein. Meistens schlafe ich, das hilft gegen die Einsamkeit. Manchmal kommt sie ewig nicht wieder, und es gibt auch kein Futter. Ich frage mich immer, was sie so lange tut. Sie behauptet, es sei sehr wichtig und es heiße Arbeit.

Arbeit 1

Mir würde es völlig ausreichen, ich säße auf dem Sofa und ließe mich bewundern, streicheln und mehrmals am Tag füttern. Aber ich habe mich entschieden, ebenfalls wie Frau B. einer geregelten Arbeit nachzugehen. Von morgens bis tief in die Nacht sitze ich deshalb, nur unterbrochen von Pausen zum Ruhen, Essen und Putzen, auf der Terrasse und kümmere mich um alles, was sich dort rührt und regt. Das ist eine sehr wichtige und ausfüllende Tätigkeit.

Arbeit 2

Frau B. sagt, ich hätte es in meiner Branche leichter als Menschen bei dieser Arbeit. Zum Beispiel in Südamerika: Da würden sehr viele Menschen einem ähnlichen Job nachgehen. Sie sitzen den ganzen Tag vor irgendwelchen Türen oder in irgendwelchen Gärten und achten auf alles, besonders darauf, dass niemand Böses eindringt. Frau B. sagt, das sei eine harte und schlecht bezahlte Arbeit. Ich hätte den Vorteil, dass ich einfach weggehen und pennen oder gar gleich an Ort und Stelle pennen könne. Das ginge bei den Menschen nicht. Die würden dann gekündigt und hätten nichts zu essen. Gekündigt?! Nichts zu ESSEN?!

Gekündigt

Ich habe nachgedacht. Ich glaube, ich kenne auch eine Katze, der gekündigt wurde. Sie war dauernd draußen, und niemand hat ihr zu fressen gegeben. Inzwischen hat sie glücklicherweise eine neue Stelle gefunden im Reisebüro gegenüber. Sie bewacht dort die Fußmatte und das Kissen im Schaufenster.

ignorieren

Auf meinem Aussichtsplatz, vorne auf der Kante
der erhöhten Terrasse mit dem Blick in den Garten
liegt eine Walnussschale. Die hat das blöde Eichhörnchen liegen gelassen. Genau dort, wo ich
immer zu sitzen pflege. Sie stört. Sie drückt etwas
am Hintern. Man könnte sie wegschubsen ...
aber mit der eigenen Pfote? Geht gar nicht!
Ich werde sie ignorieren.

Katzenklo 1

Im Winter und bei sehr wässerigen Wetterlagen
gönnt Frau B. mir ein Katzenklo. Im Sommer muss
ich raus in den Garten. Ich liebe Katzenklos!
Man kann darin herumkramen und -kratzen, alle
Klokrümel in eine Ecke wühlen, dann alle in die
andere. Man kann Klokrümel hin und her werfen
und über den Rand des Klos. Schon ein Spaß!
Wenn der Frühling kommt, stellt Frau B. das Klo
auf die Terrasse. Dort gehe ich nicht hinein,
höchstens mal zum Sitzen. Niemals zum Pinkeln.
Das finde ich peinlich. Dort kann mich ja jeder
sehen.

Katzenklo 2

Im Sommer suche ich passende Stellen im Garten zum Pinkeln. Ich benutze sie oft und gerne. Man kann auch in Beeten herumkratzen, obwohl ich Katzenklos bevorzuge. Wenn Frau B. mich dabei entdeckt, ist sie entsetzt und wird richtig gemein. Sie legt Steine dorthin oder steckt Stöcke in meine Lieblingsstellen. Ich überlege, was sie hat. Könnte es sein, dass es damit zusammenhängt, dass an allen Lieblingsstellen immer dasselbe passiert: Erst sind Blumen da, dann sind sie weg?

echt:
zappelt
und
quiekt

Mäuse

Es kommt vor, dass ich eine Maus fange (selten,
leider! Viel zu selten). Ich bringe sie dann in die
Wohnung, weil sie dort nicht so gut abhauen kann.
Dann werfe ich sie etwas herum … großartig,
sage ich Ihnen! Manchmal kommt Frau B. dann
angerannt, ist furchtbar böse, grapscht nach mir,
sperrt mich ins Klo, wo ich lange bleiben muss.
Ich verstehe das nicht. Ich vermute, sie spielt dann
mit meiner Maus.

aus <u>Stoff</u>
(lächerlich!)

Stoffmäuse

Es gibt Mäuse aus Stoff. Sie liegen irgendwo herum oder werden von Frau B. zu mir geworfen. Wenn Sie mich fragen, ein langweiliges Plagiat, wenn man das Original kennt. Manchmal stürze ich mich auf sie, schleudere sie etwas herum. Aber nur, weil Frau B. sich dann so freut.

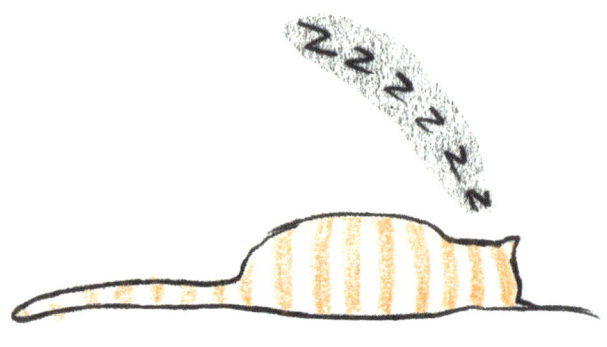

Nachtleben

Frau B. hat ein großes Bett. Wunderbar weich.
Manchmal darf ich mit hinein. Ich meine nachts
und nicht nur zum morgendlichen Weckritual.
Ich habe eine Strategie: am Fußende beginnend,
arbeite ich mich langsam hoch. Manchmal klappt
es. Oft schubst sie mich plötzlich von der Bettkante,
wenn ich gerade oben angekommen bin, mich auf
sie lege und an sie schmiege. Verstehe einer die
Frauen!

Morgens

Menschen schlafen lange. Zu lange nach meiner
Auffassung. Ich bin der Meinung, dass Menschen
mindestens zum Sonnenaufgang aufstehen sollten.
Wenn sie das nicht tun, kann ich dafür sorgen. Ich
kann laut miauen. Das mache ich sehr gut, fast
röhrend wie ein Hirsch.

Wenn das nichts nutzt, kratze ich noch etwas an der Schlafzimmertür. Am einfachsten ist es, wenn die Tür offen ist. Dann kann ich Frau B. oder Gästen (die noch nicht wissen, dass Sie aufstehen müssen) ins Gesicht tatzen, auf ihnen herumtreteln oder auf der Bettdecke schon etwas Körperpflege betreiben. Es ist aber auch schon vorgekommen, wenn ich röhrte, dass ich im hohen Bogen auf die Terrasse geflogen bin und man mir sogar die Katzentür zusperrte. Das ist natürlich empörend, wo ich mich doch nur darum kümmere, dass rechtzeitig das Tagwerk beginnt und Futter auf meinen Teller kommt.

Übungen

Frau B. macht morgens Übungen. Sie steht dort, streckt sich, knickt sich, dehnt sich hin und her und wackelt mit den Beinen. Sehr albern und wenig geschmeidig. Das könnte sie doch alles den ganzen Tag lang auf dem Sofa machen, genau wie ich.

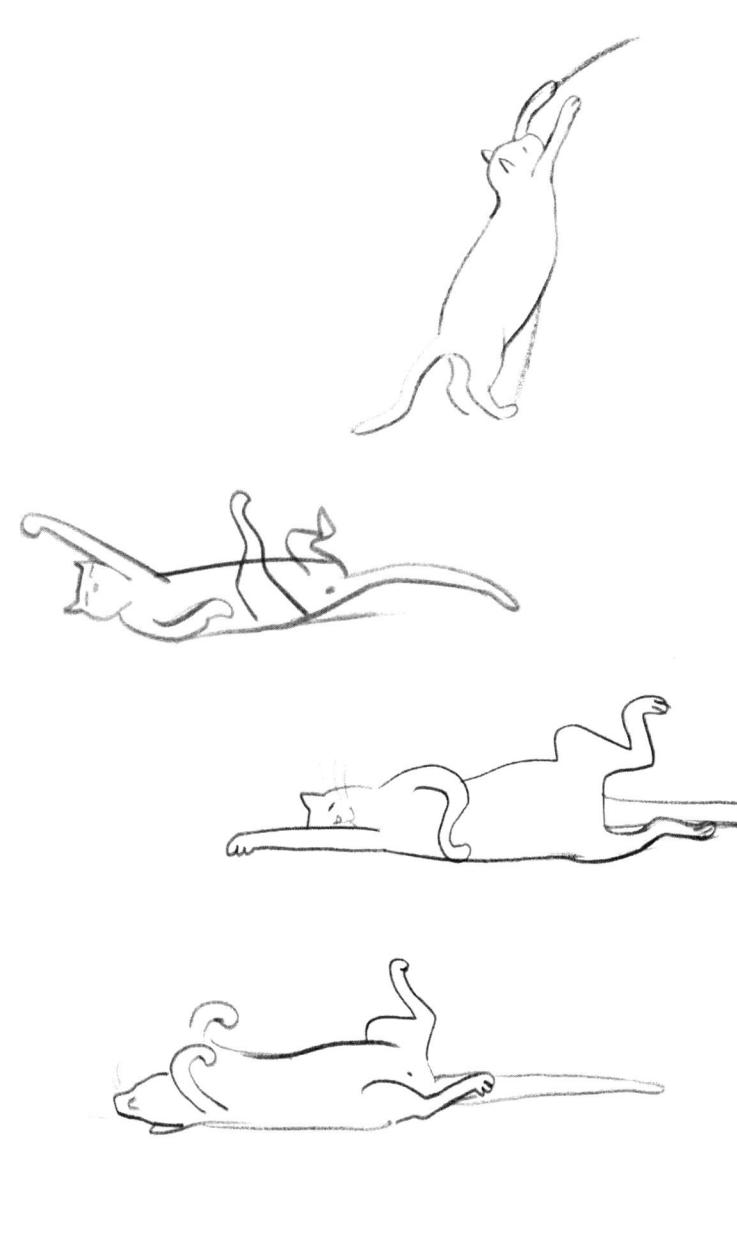

Putzen

Putzen ist ganz wichtig. Ich tue es eigentlich mehr
oder weniger den ganzen Tag und nehme auch in
Kauf, dass die Haare, die auf diese Weise in den
Bauch gelangen, leider wieder ausgespuckt werden
müssen. Aber trotzdem ist es eine wunderbare
Beschäftigung und muss sehr sorgfältig ausgeführt
werden. Frau B. tut es nicht. Ich denke darüber
nach, es ihr einmal beizubringen. Aber sie stinkt
trotzdem nicht, wie zum Beispiel Hunde. Ich habe
es beobachtet: Sie geht in den Raum mit der
Wanne, die eigentlich zum Trinken da ist. Dort
putzt sie sich. Aber mit WASSER!

Mein Haus

Ich lebe in einem Haus. Es ist groß und hat viele Türen. Einige sind meistens verschlossen. Dahinter leben andere Menschen und Tiere. Nebenan zum Beispiel dieser zu ignorierende Hund, dort gehe ich nie hin. Darüber hinaus bin ich der Meinung, dass alles mein Zuhause ist. Wenn es zum Beispiel bei Frau B. wieder einmal nicht das richtige Futter gibt, gehe ich eine Treppe höher, heule etwas vor der Tür, und mit Glück öffnet man mir, und es gibt anderes Futter. Oft bin ich auch länger oben. Es gibt dort Teppichboden und auch im Sommer ein Katzenklo. Sie nennen es Katersharing. Ich mag es sehr. Wenn ich zurückkehre, signalisiere ich Frau B., dass ich es bei ihr etwas ungemütlich finde, so ohne Teppichboden. Ich versuche ihr nahezulegen, auch welchen anzuschaffen. Sie scheint aber meine Signale nicht zu verstehen.

Katzentür

Ich habe eine eigene Tür. Man nennt es Katzentür, obwohl ich ein Kater bin und nicht mal im Traum eine Katze dort hindurchgehen darf. Ich hingegen gehe dort unablässig ein und aus beziehungsweise schlängele mich hindurch. Hin und wieder befällt mich die Befürchtung, dass ich nicht mehr entspannt hindurchpasse, wenn ich weiterhin zunehme. Mit Maus passe ich noch durch, aber mit einem Kaninchen oder noch größeren Sachen wird es schwierig.

Liegeplätze

Liegeplätze sind fast das Wichtigste im Leben. Man muss sie viel beliegen, aber auch hin und wieder wechseln. Und zwar konsequent wechseln. Auf keinen Fall auf abgelegten Plätzen weiterhin liegen. Nach einigen Monaten kann man zur Not einmal wieder nach dem alten Platz schauen. Frau B. findet nicht alle meine Liegeplätze gut. Sie greift zu immer ungewöhnlicheren Maßnahmen, um mich von Plätzen zu vergrämen, auf denen ich nicht liegen soll, z. B. das dunkle Sofa. Sie legt Bücher oder andere störende Dinge genau dort hin und tut so, als wären sie da ganz zufällig hingeraten. Aber ich durchschaue es und lege mich exakt daneben.

Zitrone

Ich finde Zitrone grauenhaft! Plätze, auf denen sie mich nicht haben will, beträufelt Frau B. neuerdings mit ZITRONENDUFT! Aber ich lege mich natürlich trotzdem dort hin. Neulich hat sie sogar behauptet, es sei wohl mit meinem Riechorgan etwas nicht in Ordnung, weil mich der Zitronenduft nicht stört. Mein Riechorgan ist topp! Ich versuche es eben zu ignorieren.

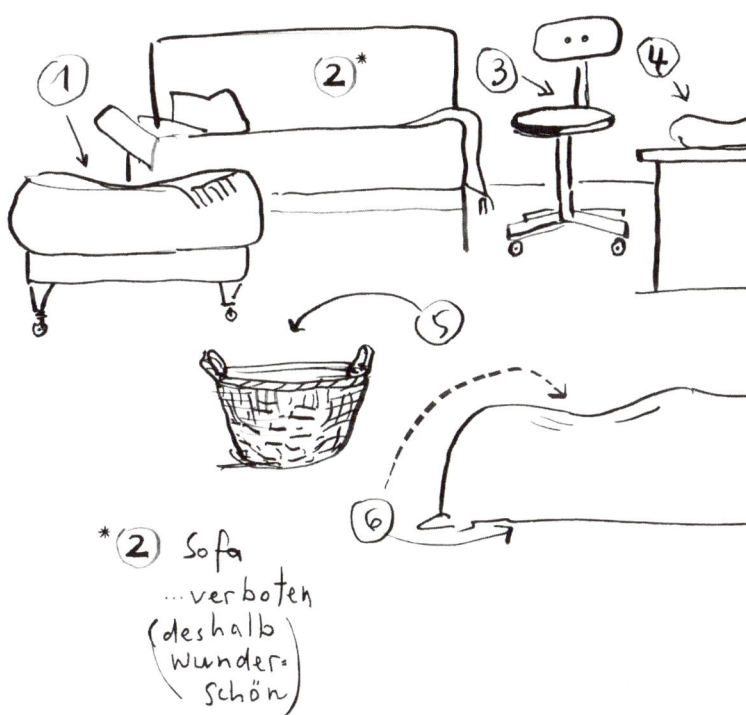

*(2) Sofa
...verboten
(deshalb
wunder-
schön)

Krümel

Es ist Winter. Frau B. hat Brotkrümel auf die
Terrasse gestreut; genau neben meinem Beobachtungsposten. Die Vögel möchten sie gerne haben.
Ich setze mich direkt daneben, dann trauen sie sich
nicht dorthin. Nachdem der Zaunkönig ungefähr
25-mal hin- und hergeflogen ist, setze ich mich auf
die Krümel. Noch besser! Später, als es etwas frisch
wird, gehe ich wieder rein, quetsche mich durch die
Katzentür und verliere so die letzten Krümel vom
Hintern.

Eichhörnchen

Eichhörnchen sind anstrengend. Sie regen sich
ständig auf, hopsen umher ... tun wirklich gewagte
Dinge, sage ich Ihnen. Sie trauen sich, direkt vor
meiner Nase herumzuspringen. Glauben die allen
Ernstes, dass ich ihnen folgen würde?

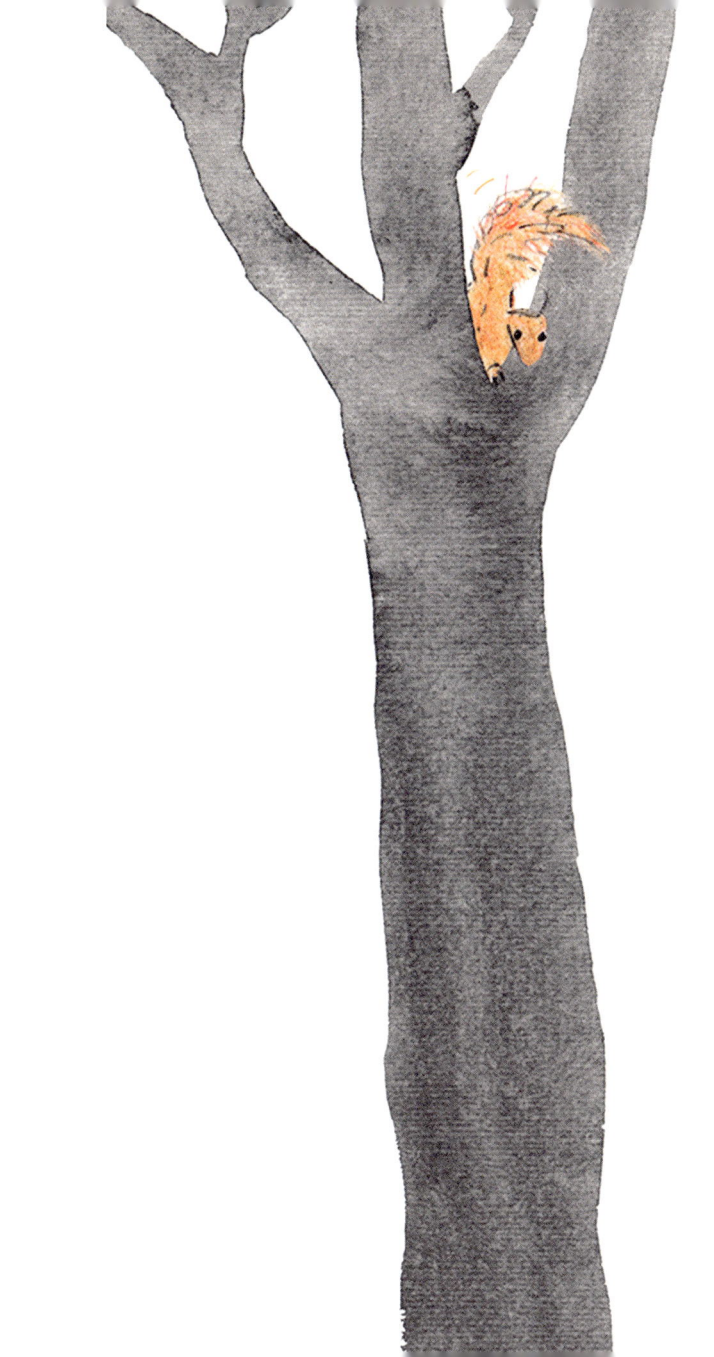

Zaunkönige

Vögel sind lecker, schwer zu kriegen und unheimliche Nervensägen, die man fest im Auge behalten muss. Es gibt welche, die heißen angeblich Zaunkönige. Andere Vögel halten sich wenigstens etwas zurück, wenn ich auf der Terrasse liege und ruhe. Dieser König aber nicht. Der ist winzig, hat aber Mut. Statt sich um die eigenen Angelegenheiten zu kümmern, flattert er gefühlt hundertmal vor meiner Nase hin und her, mit enormem Geschrei. Ein echter Provokateur! Warum tut er das?

Hunde 1

Hunde sind grobschlächtige, laute, stinkende Wesen, die rudelweise hinter meiner Hecke urinieren. Die daran hängenden Menschen sind auch seltsam: Sie brüllen viel. Ich kann das alles sehr gut beobachten von meinem Arbeitsplatz aus. Dort geht hinter der Hecke ein Spazierweg längs. Ich sitze zum Glück oben, und es ist ein Eisenzaun dazwischen.

Hunde 2

Neuerdings rüpelt so ein großer Fleischklops sogar in meinem Garten herum. Der behauptet, er wohne auch hier. Spielt sich Wunder wie auf. Dabei war ich vorher da. Aber ich habe mich mit ihm auf friedliche Koexistenz geeinigt. Das schien mir das Vernünftigste.

Kleine Katzen

Kleine Katzen sind dumm. Neulich ist so ein junges Ding aus der Nachbarschaft doch tatsächlich hinter einem Eichhörnchen her auf den Birnbaum rauf. Ich hätte fast den Kopf geschüttelt. Das Eichhörnchen ist bis ganz in die Spitze hoch geklettert. Die kleine Katze hat es nicht bis oben geschafft. Und noch viel schlimmer: Sie kam nicht mehr herunter. Den ganzen Nachmittag haben Frau B. und die gesammelte Nachbarschaft mit Stöcken und Körben versucht, dieses kleine Viech herunterzubekommen. Irgendwann ist das Eichhörnchen todesmutig über die Katze hinweggesprungen. Gegen Abend kam dann ein großes rotes Auto mit einer Leiter. Alles in allem ein sehr unterhaltsamer Nachmittag.

Glasscheiben

Glasscheiben sind etwas, was ich nicht verstehe. Sie sind da und doch nicht da. Dass man nicht so einfach hindurchkann, scheint das Eichhörnchen auch zu wissen. Ich sitze hinter der Glasscheibe und schaue hinaus in den Regen. Es erscheint das Eichhörnchen und möchte eine Nuss haben, die nah am Fenster liegt. Es sieht mich und hupft, bis es fast, nur noch vom Glas getrennt, Nase an Nase mit mir ist. Es weiß genau, dass ich da nicht hindurchkann. Ich könnte jetzt ganz schnell zum Katzentürchen rennen und genauso schnell zum Eichhörnchen. Ich könnte meine Zähne in sein Fell schlagen, es beißen … es quiekte, das Blut rönne, … herrlich! Aber das lasse ich lieber, es wäre doch sowieso schon weg, wenn ich rauskomme. Außerdem regnet es.

Menschen 1

Ich beschäftige mich viel mit Menschen. Notgedrungen, sie geben Futter. Und sie streicheln. Das spricht sehr für sie, trotzdem verstehe ich sie nicht wirklich. Seit vielen Jahren studiere ich nun rein wissenschaftlich ihr Verhalten. Sie funktionieren doch sehr simpel im großen Ganzen. Wenn man sich vor ihnen hinschmeißt, streicheln sie fast automatisch und reden komisches Zeug. Meistens. Aber nicht alle Menschen, denn sie sind auch sehr verschieden. Es kommen diverse Sorten von Menschen in unser Haus, die meine wissenschaftlichen Studien sehr anregen. Ein Ergebnis ist, dass neue Streichler immer intensiver streicheln als alte, wie Frau B. ... Aber die hat natürlich mehr Streichelerfahrung und kennt die richtigen Stellen.

Menschen 2

Wenn Menschen ins Haus kommen, sitzen sie meistens auf meinen Stühlen herum. Oft fressen sie Dinge, die ich nicht mal beschnuppern würde. Sie trinken absolut ekliges Zeug. Wenn sie dort so sitzen und höchstens zum Pinkeln aufstehen, kann ich sie testen. Ich bemerke natürlich sofort, ob sie zu den Streichlern gehören oder zu denen, die mich nicht mögen. Diesen wende ich mich besonders zu. Ich springe in einem geeigneten Moment auf ihren Schoß. Die Streichler brauche ich nicht so zu beachten, aber die anderen müssen bearbeitet werden. Falls sie gar nicht reagieren, kann ich ja immer noch zu den Streichlern gehen.

Menschen 3

Wenn andere Menschen kommen oder gehen,
müssen sie durch den Raum nahe der Tür, in dem
mein Teppich liegt. Sie bilden dort oft Rudel, stehen
herum, ziehen ihre Felle an und aus, berühren sich
mit den Pfoten und machen Lärm. Dann ist es
sehr entscheidend, an strategisch wichtiger Stelle
irgendwo dazwischen auf dem Boden zu liegen,
um unübersehbar zu sein und Eigentumsverhält-
nisse zu klären.

Verreisen 1

Wie gesagt, ich beschäftige mich sehr viel mit
Frau B. und Menschen im Allgemeinen. Einiges
verstehe ich inzwischen, anderes bleibt mir ein
Rätsel. Zum Beispiel, warum sie so oft ihr Zuhause
verlassen. Sie haben doch ideale Bedingungen:
Immer Zugang zu Futter, so viel und so oft
sie wollen (Neid!), viele wunderbar weiche
Liegeplätze, sogar im Sommer ein Klo
im Haus, Wasser aus dem Ding, das sie
sogar mit ihren Pfoten selber aufdrehen
können. Wieso bleiben sie nicht dort,
sondern laufen andauernd weg?

Verreisen 2

Manchmal bleibt Frau B. kurz weg – sie nennt es Arbeit, Sport oder Kino. Manchmal bleibt sie auch länger weg. Dann bereitet sie sich richtig vor: Sie räumt Sachen in große Kästen auf Rollen, die nimmt sie mit. Sie bleibt endlos weg, und es kommen andere Menschen und geben mir Futter. Manchmal sogar völlig fremde. Das lehne ich entschieden ab.

Aber das Allerschlimmste ist, wenn Frau B. meint, mich mitnehmen zu müssen. Sie holt diese ekelhafte Angst-Tasche, quetscht mich gewaltsam hinein, schließt die Tasche, schleppt mich zu der stinkenden Fahrkiste, in der ich dann lange hocken muss. Abscheulich! Da hilft nur lautes Miauen. Das habe ich früher gemacht. Inzwischen neige ich zum Aushalten. Alles andere ist ohnehin sinnlos. Ausgeladen werde ich in einem fremden Haus! Ich brauche Tage, um es richtig kennenzulernen. Wenn ich allmählich meine, dass es sich dort zur Not aushalten lässt, stopft sie mich wieder in die Angst-Tasche, und es geht zurück. Könnte mir irgendjemand erklären, was das soll?

Vorgänger

Es wird erzählt, mein Vorgänger »Maunzi« (!) habe hinter dem Eisengitter des Vorgartens Passanten aufgelauert und sich dann durch den Zaun geschlängelt, um sich streicheln zu lassen. Peinlich so was! Muss ein komischer Kerl gewesen sein, dieser Maunzi.

Wissenschaft

Ich habe aus rein wissenschaftlichen Gründen auch einmal die Passanten-Streichelnummer probiert. Sehr interessante Ergebnisse!
50 % sagen »Na, Mieze« oder »Hallo, Mieze«,
40 % sagen »Na, Muschi« oder »Hallo, Muschi«,
  9 % irgendetwas anderes, 1 % geht vorbei.
80 % der Nicht-Vorbeigeher streicheln,
20 % reden nur. Das sind die Abendwerte.
Morgens ist es umgekehrt.

Komische Worte

Obwohl ich es eigentlich verabscheue, muss ich mich hin und wieder nachts mit anderen Katern prügeln. Es geht dann irgendwie um Katzen. Ich interessiere mich gar nicht so für Katzen. Frau B. behauptet, das läge daran, dass ich ein Kastrat bin. Komisches Wort. Vielleicht hab ich mich verhört, und es heißt Katzrat?

Aber egal wie, wenn in meinem Garten dreist ein anderer Kater auftaucht und mich provoziert, bin ich natürlich dabei.

Neulich hat mir bei einer Prügelei ein Kerl einen dicken Kratzer am Ohr zugefügt. Es hat sehr weh getan und war tagelang dick und heiß. Obendrein hat Frau B. mich dann noch geärgert. Wollte sie sich auch prügeln? Sie ist immer mit einer Flasche hinter mit hergerannt und wollte mir damit mein ohnehin schmerzendes Ohr besprühen. Sie nannte es Desinfektion.

Das Leben als solches

Im Großen und Ganzen finde ich mein Leben in
Ordnung. Etwas mehr Fressen wäre nicht schlecht
und wenigstens hin und wieder ein Eichhörnchen
zum Vernaschen. Ich habe mal jemanden reden
hören von einem Katerhimmel, dort darf man angeblich überall sitzen, es kommen ständig Mäuse
ganz langsam vorbeigeflogen, und Katzenengel
bringen gedünstete Zaunkönige. Also, da würde
ich schon gerne hin, irgendwann. Aber wird dort
auch gestreichelt? Ach, wahrscheinlich eh nur
Geschwätz …

Jutta Bauer, 1955 in Hamburg geboren, ist eine der vielseitigsten Illustratorinnen für Bilder- und Kinderbücher. Seit dem Studienabschluss an der Hamburger Fachhochschule für Gestaltung arbeitet sie als Illustratorin, Autorin, Cartoonistin und Trickfilmerin. Neben anderen Auszeichnungen erhielt sie den Troisdorfer Bilderbuchpreis, den Deutschen Jugendliteraturpreis für »Schreimutter« sowie den Sonderpreis des Deutschen Jugendliteraturpreises für ihr Gesamtwerk. 2008 wurde sie für den Astrid-Lindgren-Gedächtnis-Preis nominiert und 2010 mit der international höchsten Anerkennung im Kinder- und Jugendbuch ausgezeichnet: der Hans-Christian-Andersen-Medaille für Illustration. Zuletzt erschienen bei Hanser das von ihr illustrierte Kinderbuch *Der Bärbeiß* (2013) von Annette Pehnt, die Fortsetzung *Der Bärbeiß – Herrlich miese Tage* (2015), das von ihr illustrierte Kinderbuch *Alle für Anuka* (2016) von Annette Pehnt sowie das Bilderbuch *Weißt du noch* (Text von Zoran Drvenkar; 2017). 2017 folgte der dritte Band rund um den grummeligen Bärbeiß: *Der Bärbeiß - Schrecklich gut gelaunt* sowie das Such- und Findebuch *Der Bärbeiß sieht alles*. Jutta Bauer lebt in Hamburg, hat einen alten Kater und einen erwachsenen Sohn.

Kater Liam war ein Streuner. Er wurde vor 17 Jahren von Frau B. bei einer »Katzensammlerin« entdeckt: einer Dame, die obdachlosen Katzen ein Zuhause gibt. Seitdem lebt er in Hamburg bei Frau B. und arbeitet dort auf der Terrasse mit Blick auf Zaunkönige, Eichhörnchen und einen Kanal.

 HANSER hey! Schau vorbei und
teile dein Leseglück auf Instagram

1. Auflage 2020

ISBN 978-3-446-26608-7
© 2020 Carl Hanser Verlag GmbH & Co. KG, München
Umschlag: Jutta Bauer | Gestalterische Mitarbeit: Katharina Haines
Satz im Verlag | Druck & Bindung: TBB, a.s., Banská Bystrica
Printed in Slovak Republic

 MIX
Aus verantwortungs-
vollen Quellen
FSC
www.fsc.org FSC® C022120

Willkommen in Timbuktu!

Schlechte Laune hat der Bärbeiß am liebsten. Er mag die Sonne nicht, denn er könnte schwitzen. Regen kann er auch nicht leiden, da wird man ja nass. Und Besuch mag er sowieso nicht. Aber davon lassen sich die freundlichen Wesen in der Nachbarschaft nicht beeindrucken. »Dann werden wir das Besuchen eben üben«, meint das Tingeli. Es ergreift die Initiative, und am Ende entsteht eine fröhliche Gemeinschaft, in der alle den größten Spaß haben: die Familie Graureiher mit ihrer überbesorgten Mutter, der Königspinguin, die Hasenfamilie, das Mädchen Maria und sogar der Bärbeiß.
Ein Kinderbuch über Freundschaft mit witzigen Illustrationen von Jutta Bauer.

»So erleben Lachende und Bissige, dass Freundlichkeit das Leben erleichtert, Schwierigkeiten aber auch dazu gehören.«
Hans ten Doornkaat, Neue Zürcher Zeitung am Sonntag

Annette Pehnt / Jutta Bauer
Der Bärbeiß
96 Seiten. Gebunden